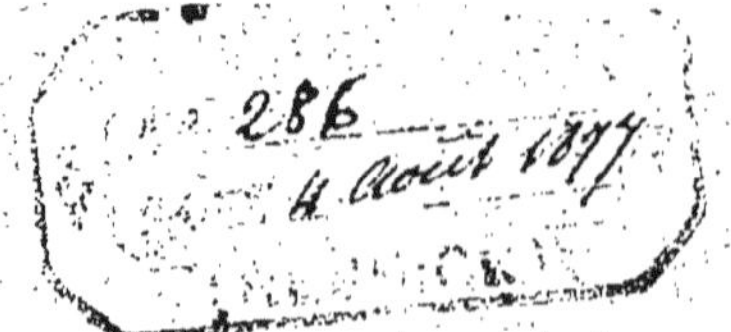

LA
QUESTION MUNICIPALE

A

L'ILE DE LA RÉUNION

PAR

M. EDOUARD LE ROY

AVOCAT A LA COUR D'APPEL

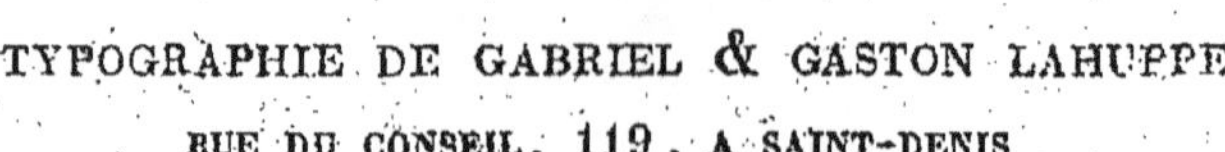

TYPOGRAPHIE DE GABRIEL & GASTON LAHUPPE

RUE DU CONSEIL, 119, A SAINT-DENIS

—

1877

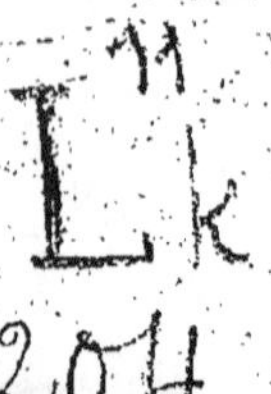

LA QUESTION MUNICIPALE

A

L'ILE DE LA RÉUNION

I

Plan de réforme
de nos institutions communales

> « C'est dans la Commune que réside la force des peuples libres. Les institutions communales sont à la liberté ce que les écoles primaires sont à la science : elles la mettent à la portée du peuple ; elles lui en font goûter l'usage paisible et l'habituent à s'en servir. Sans institutions communales, une nation peut se donner un Gouvernement libre, mais elle n'a pas l'esprit de liberté. »
>
> (TOCQUEVILLE, *Démocratie en Amérique*, Tome I, p. 95.)

Nous nous permettons de recommander aux méditations du Conseil Général cette grande et belle pensée de l'éminent publiciste, dont les opinions sont passées à l'état d'axiomes, en matière

de science politique. Si (comme nous n'en doutons pas) le Parlement Local est vraiment dési-
reux d'organiser chez nous la liberté reconquise
depuis l'avènement de la République, il n'hésitera pas à faire de la révision de notre régime municipal le point de départ de son œuvre de réfor-
mation.

C'est sur la base d'une large et vigoureuse
autonomie des Communes qu'il convient d'asseoir
l'édifice de nos franchises coloniales.

Il ne suffit pas, en effet, pour avoir la liberté
politique, de l'inscrire fastueusement en tête
d'une Constitution ; c'est surtout par la pratique, et dans le détail, qu'il faut en faire appré-
cier les bienfaits ; il ne suffit pas de la proclamer,
il faut encore la faire entrer dans les mœurs et
en perfectionner l'exercice par un usage constant.
C'est ainsi qu'on formera des citoyens, vraiment
dignes de ce nom, attachés aux prérogatives que
leur confère ce noble titre, mais acceptant réso-
lûment lès charges qui en découlent. C'est ainsi,
en un mot, que la liberté cessera d'être un principe abstrait, pour devenir une vivante réalité.

A ce point de vue, la Commune apparaît comme le foyer naturel d'où doivent rayonner dans
toutes les parties du corps social, la chaleur, le
mouvement et la vie. C'est là, en effet, dans
l'étroite communauté d'intérêts qui les rappro-
che, que les hommes acquièrent la notion du devoir civique, source et fondement du gouvernement

libre ; c'est là que le principe de solidarité, sur lequel repose l'institution démocratique, se montre avec une irrésistible évidence. Qu'est-ce, en effet, que la Commune, si ce n'est l'association solidaire des habitants d'un même territoire, pour la jouissance en commun des mêmes avantages et la soumission aux mêmes règles ? La Commune, c'est l'ensemble de ces biens matériels et moraux dont nous devons nous garantir les uns aux autres la paisible possession ; c'est la sécurité de nos personnes et de nos demeures, c'est l'air que nous respirons, c'est l'eau qui nous est distribuée, c'est l'alimentation, c'est la salubrité publique, c'est l'Ecole, c'est le Temple, c'est l'Asile des morts !

Comment pourrions-nous, dès lors, nous désintéresser de questions qui nous touchent de si près et par tous les côtés à la fois ? Comment ne sentirions-nous pas la nécessité qu'il y a pour nous de les régler nous-mêmes, en dehors de toute intervention étrangère ? Comment, d'autre part, l'Etat ou le Pouvoir Central pourrait-il prétendre à administrer, mieux que ceux qui y sont directement intéressés, ces affaires d'un ordre purement local ? On voit, par là, que le dogme de la souveraineté populaire trouve, dans le domaine de l'activité municipale, son application la plus utile et la plus rationnelle. Indépendance et responsabilité : ces deux ressorts si puissants, si nécessaires au maintien des institutions libres, se développent et se fortifient sans cesse chez les peuples où existe une vie communale intense.

Remarquons enfin que cette participation de tous au maniement de la chose publique est une précieuse garantie d'ordre et de stabilité, car les écarts de la liberté ne sont à craindre, que lorsqu'elle est abandonnée à des mains inexpérimentées.

Si, de ces principes, que nous croyons hors de discussion, on reporte les regards sur notre Colonie, on est conduit à affirmer que les libertés municipales y trouveraient un milieu admirablement propice à leur paisible expansion.

Que l'on nous cite, en effet, un autre pays où l'esprit public soit meilleur. Où trouver des mœurs plus douces et plus égalitaires à la fois? Il y a longtemps qu'on en a fait la remarque: Bourbon est la terre classique de l'égalité, non pas de cette égalité inquiète et farouche qui, par ses défiances, est faite pour dégoûter de la démocratie, mais, au contraire, de cette égalité empreinte de courtoisie et d'urbanité, qui n'exclut ni l'attachement aux traditions, ni le respect des hiérarchies sociales.

Que l'on nous dise aussi en quelle autre contrée (fût-ce même chez les nations façonnées de longue date à la pratique du Gouvernement parlementaire), le fonctionnement des institutions libres a jamais été moins orageux et plus exempt de toute espèce de troubles? Notre popu-

lation créole unit à un tempérament généreux cet
amour profond de l'ordre et de la légalité qui, il
faut bien le dire, n'est pas le trait dominant du
caractère français, mais qui se rencontre, à un
haut degré, chez les races anglo-saxonnes. Sans
doute (et nous l'avons vu tout récemment), ces
dispositions pacifiques peuvent succomber parfois
à des entraînements malsains, d'autant plus cou-
pables, quand ceux-là mêmes, qui devraient donner l'exemple du respect à la loi, sont les pre-
miers à l'enfreindre et à en prêcher ouvertement
la violation. Mais ces égarements passagers reste-
ront toujours chez nous des exceptions très-rares,
Dieu merci.

Voilà donc un premier point bien acquis : le
Pays a fait preuve, dans l'exercice des droits qui
lui ont été conférés depuis 1870, d'une incon-
testable maturité ; les passions politiques, qui
sont invoquées en France comme un obstacle à
l'émancipation des Communes, et servent de prétexte à tous les envahissements du Pouvoir Central, n'existent pas ici : les divergences d'opinions
ne prennent jamais, chez nous, ce caractère de hai-
nes irréconciliables qui affligent notre malheureuse patrie, et la modération, qui est le fond de
l'esprit créole, nous met à l'abri des exagérations,
de quelque côté qu'elles voudraient se produire.

En second lieu, nos Communes peuvent se
passer aisément, pour la plupart, de l'assistance
de l'Autorité Centrale. Par les ressources dont

elles disposent, par l'étendue de leur territoire, par le chiffre de leur population, elles forment autant de centres doués d'une forte vitalité, dans lesquels se rencontrent tous les éléments d'une organisation indépendante. En France, au contraire, à part les grandes villes, où le cosmopolitisme sévit la plupart du temps, les Communes sont, en général, trop faibles et trop morcelées. Ce fractionnement excessif a été signalé, bien des fois, comme une des causes les plus actives de l'affaiblissement de l'esprit communal en France ; il a pris des proportions surtout inquiétantes sous l'Empire, qui était naturellement porté à favoriser la division des Communes, car plus il divisait, et mieux ses préfets régnaient.

« *Cette tendance*, dit l'Exposé des motifs du projet de loi présenté à la Chambre par le Ministère Jules Simon, *est éminemment regrettable. La trop grande multiplicité des Communes est un des plus grands obstacles au perfectionnement de notre législation municipale.* » Cet inconvénient n'existe pas chez nous et nous regarderions comme une faute capitale qu'on vînt à le faire naître, ainsi que nous en donne la crainte le passage suivant du rapport d'ensemble de M. le Directeur de l'intérieur : « La création de ces deux communes (Salazie et la Plaine des Palmistes) ne doit être considérée que comme le *prélude* et l'*acheminement* vers la formation d'autres municipalités, au moyen du *morcellement* d'un certain nom-

bre de Communes beaucoup trop étendues. »
Nous espérons qne le Conseil Général refusera
d'entrer dans cette voie funeste et se montrera
jaloux de maintenir l'intégrité de nos circons-
criptions communales.

Enfin, à un dernier point de vue, nous nous
trouvons placés dans des conditions bien plus
favorables que nos compatriotes de la Métropole,
pour arriver à fonder chez nous un régime de
réelle liberté. En France, c'est au nom de l'unité
nationale, que l'Etat a toujours refoulé les aspirations des Communes à l'indépendance ; la centralisation gouvernementale n'est autre chose (de
l'aveu même de ses partisans), qu'un instrument
de défense contre les dangers du dehors et du de-
dans ; qui n'aperçoit, dès lors, que cette raison
d'état, acceptable tout au plus pour la France
continentale, est sans valeur et sans application
possible, en ce qui nous concerne? Certes, notre
Colonie tiendra toujours à honneur d'appartenir
à la grande famille française, et son ardent patriotisme répond de la fidélité avec laquelle elle
ne cessera d'unir ses destinées à celles de la mère-patrie, à travers toutes les vicissitudes. Mais,
par cela même que les idées de sécession n'auront
jamais chance de s'implanter sur notre sol colo-
nial, on ne voit pas quel péril la décentralisation,
telle que nous l'entendons, pourrait faire courir
à la souveraineté métropolitaine.

De l'analyse à laquelle nous venons de nous

livrer, et qui nous a révélé de si profondes différences entre la situation de la Métropole et la nôtre, la conclusion est facile à tirer. Pour établir chez nous cette liberté municipale, que nous appelons de tous nos vœux et à laquelle notre Pays peut prétendre à bon droit, est-ce à l'ASSIMILATION pure et simple que nous devrons recourir?

A la question ainsi posée nous n'hésitons pas à répondre négativement, et cela pour plusieurs raisons :

Et d'abord, nous repoussons l'assimilation en cette matière, parce que l'emprunt, que nous ferions à la France de ses institutions municipales, ne réaliserait pour nous qu'un progrès bien insuffisant. Il faut bien le reconnaître : la France n'est guère avancée en fait de liberté locale ; l'Exposé, que nous avons déjà cité, s'exprime à ce sujet en ces termes : « Non-seulement, en Angleterre et aux Etats-Unis, non-seulement chez les peuples formés de longue date à une pratique paisible et incontestée d'un régime libéral et parlementaire, chez ceux qui ont montré le plus constant respect pour le développement de leurs franchises locales, mais *même au sein des nations où le principe d'autorité a conservé l'empire le plus étendu, la vie communale jouit d'une indépendance d'allure et d'une spontanéité d'action qui lui sont encore inconnues chez nous.* » Dans ces conditions, comment l'assimilation serait-elle l'idéal et le but suprême de nos *desiderata ?*

Autant nous en sommes partisan, en tout ce qui touche à la forme même du gouvernement et à l'organisation politique qui en dérive, autant nous pensons que, dans le cercle de notre existence intérieure et coloniale, nous devons être pourvus d'un régime distinct, approprié à nos besoins, franchement autonome, soustrait, par conséquent, aux fluctuations incessantes qu'amène dans la Métropole la lutte des partis politiques ; il n'y a pas de législation, en France, qui, sous l'influence des courants politiques, soit plus fréquemment bouleversée que celle concernant les municipalités. Et nous irions, nous qui pouvons échapper à ces revirements périodiques, nous irions nous enlever nous-mêmes le bénéfice de cette situation ! Que si on nous objectait le danger des lois d'exception, nous répondrions qu'il ne faut pas se payer de vains mots et que les lois d'exception n'auraient rien de bien terrible, du moment qu'elles se feraient en notre faveur, dans le sens du progrès et de la liberté. Que si enfin on se retranchait derrière la prétendue impossibilité qui existerait pour nous de devancer la Métropole dans les voies de la réforme communale, nous répondrions par l'exemple de l'Angleterre, qui ne trouve nullement mauvais que ses colonies, l'Australie entre autres, prennent le pas sur elle dans le développement du régime démocratique et du suffrage universel ; nous répondrions aussi par

2

notre propre exemple, par celui de nos Conseils Généraux, qui possèdent des attributions beaucoup plus étendues que ceux de la Métropole.

Nous dirons, en terminant, que l'assimilation sans réserve, bien loin de nous profiter, nous serait préjudiciable, car la législation organique de 1848, qui nous régit encore, est, sur bien des points, préférable à celle qu'on arriverait à lui substituer.

II

Autonomie et décentralisation

Avant de pousser plus loin cette Etude, nous devons dire quelques mots du Rapport de la sous-commission (*) du Conseil Général, chargée d'élaborer un projet de réforme de notre régime Municipal.

Ce travail abonde en vues libérales, il regorge d'idées excellentes, les bonnes intentions y fourmillent, mais ce magnifique programme n'a qu'un tort, c'est de se tenir dans les régions purement spéculatives et platoniques.

> Le moindre grain de mil
> Serait bien mieux *notre* affaire.

(*) Cette sous-commission était formée de MM. Loupy, Thomas et C. Jacob de Cordemoy, *rapporteur*.

Le Rapport commence par proclamer la nécessité, que nous avons déjà hautement affirmée nous-même, de faire de l'émancipation des Communes la base de notre régénération politique : « Ce ne serait pas assez, dit-il, pour la Colonie, d'obtenir le droit de se gouverner elle-même ; la liberté ne sera solidement établie, que lorsqu'elle aura étendu ses bienfaits à la population entière, lorsqu'elle fera fonctionner ses moyens d'action au grand jour, sous les yeux de tous, et aura ainsi démontré son excellence par la pratique. Pour arriver à ce résultat, il faut compléter l'œuvre commencée en France depuis sept siècles, *il faut réaliser l'affranchissement des Communes.... * Nous appelons donc de tous nos vœux l'affranchissement des Communes, persuadés que c'est par là qu'il faut commencer l'œuvre de réorganisation politique que quatre-vingts ans de combats n'ont pas encore réussi à terminer. *Aucune réforme ne nous paraît plus urgente, plus nécessaire, ni plus féconde.* »

Après cet éclatant hommage rendu aux vrais principes gouvernementaux, le Rapport reconnaît, comme nous, qu'il est opportun, qu'il est nécessaire d'en faire une large et immédiate application à notre Colonie : *Nulle part plus que dans notre Pays, le besoin de l'autonomie communale n'est vivement senti ; nulle population ne se montre plus jalouse des franchises municipales.*

Vous croyez sans doute que, pour rester con-

séquente avec elle-même, la Commission va réclamer cette autonomie qu'elle déclare indispen-
sable et proposer les moyens de la mettre en pratique? Ecoutez la suite : « Dans ces conditions,
avec ce passé de sagesse, avec cet avenir rempli
de promesses, la Colonie pourrait peut-être prétendre à devancer aussi la mère-patrie dans l'ère
des libertés communales. Aussi, si elle n'avait
écouté que ses désirs, QUI SONT CEUX DE NOS COM-
METTANTS, si elle n'avait considéré que les INTÉ-
RÊTS DU PAYS, votre Commission serait-elle venue
vous proposer un projet d'organisation municipale RÉPONDANT RÉELLEMENT AUX ASPIRATIONS ET
AUX BESOINS DE LA COPULATION, avec le suffrage
universel comme moyen et la liberté comme ob-
jectif..... Mais d'autres considérations sont venues
modifier le plan de notre travail. » Et le Rapport
conclut en écartant l'autonomie et en demandant
l'assimilation pure et simple à l'ordre de choses
existant dans la Métropole !

Desinit in piscem mulier formosa superne!

Cette conclusion inattendue nous a fait éprou-
ver, nous devons le dire, une déception mêlée de
surprise.

Notre désappointement a été d'autant plus vif,
que nous avions fondé de plus grandes espéran-
ces sur les opinions notoirement indépendantes
du Rapporteur de la Commission. L'élu de la ca-

pitale, nous disions-nous, ne peut manquer de saisir avec empressement l'occasion qui s'offre de faire triompher les vœux si souvent exprimés par le Conseil Municipal de Saint-Denis.

Personne n'est mieux placé que M. l'Ingénieur de la Ville pour se faire l'interprète de ces revendications. Qui sait mieux, en effet, et par expérience, combien la tutelle administrative pèse lourdement sur les Communes ?

Combien l'intervention des mandataires élus de la population, dans les affaires municipales, a peu d'efficacité réelle ?

Combien il importe, par conséquent, de délivrer la Représentation Communale des entraves et des lisières où elle gémit actuellement, où elle continuerait de gémir longtemps encore, si le principe de l'assimilation venait à prévaloir ?

Combien il est urgent d'accroître ses moyens de contrôle et d'action sur tous les services soldés par le budget de la Commune ?

Combien il est spécialement nécessaire de réorganiser les trois grands services de l'Instruction Publique, de l'Assistance et de la Police, qui sont soumis, en ce moment, à un régime de centralisation étouffante, décoré pourtant de l'étiquette trompeuse de *Décentralisation* ?

Mais le Rapport — nous ne savons pourquoi — est complétement muet sur tous ces points.

Quant aux considérations qui ont déterminé la

Commission à donner sa préférence à l'assimilation, les voici :

« Nous avons tellement souffert des lois d'exception, que notre vœu le plus cher est d'en effacer jusqu'au souvenir; nous n'entendons ni précéder, ni suivre nos compatriotes d'outre-mer, nous désirons marcher du même pas, heureux de leurs joies, associés à leurs douleurs. Français, nous voulons que rien de ce qui intéresse la France ne nous soit étranger; par-dessus les mers, un lien que rien ne peut affaiblir nous unit à la mère-patrie, c'est ce dévouement profond au sol sacré, c'est cet amour sans limites, c'est l'orgueil de notre nationalité, avivé encore par nos récents désastres; aussi, est ce par un sentiment de patriotisme, auquel vous vous associerez tous, que votre Commission vient vous proposer de réclamer purement et simplement les institutions municipales de la Métropole. »

Qu'on nous permette de le dire en toute franchise : nous ne voyons pas ce que le *dévouement profond au sol sacré, l'amour sans limites, l'orgueil de notre nationalité,* etc. etc., viennent faire ici; nous cherchons vainement en quoi le *patriotisme* le plus exalté pourrait être choqué de nous voir revendiquer pour nos Communes le droit de se gouverner elles-mêmes, sans porter atteinte, bien entendu, aux liens de solidarité nationale qui nous rattacheront toujours à la mère-patrie. Nous voudrions qu'on nous dît en quoi la France pourrait s'offenser de nous voir lui signaler, dans ces termes-là, nos aspirations et nos besoins? Mais si, pour être de bons Français, nous devions, suivant l'expression du Rapport, *ni précéder*, *ni suivre nos compatriotes d'outre-mer*, il faudrait donc demander que notre Conseil Général fût dépouillé des attributions qui lui ont été conférées par le sénatus-consulte du 4 juillet 1866 et qui lui donnent un avantage si considérable sur les Conseils départementaux! La Commission ira-t-elle jusque-là? Non certes; et nous sommes persuadé que ses membres ont dû voter, non-seulement pour le maintien de ces prérogatives *exceptionnelles* du Conseil Général, mais encore pour leur développement. C'est la meilleure réponse qu'on puisse opposer à l'objection tirée du danger des *lois d'exception*. Nous l'avons déjà dit : ce serait montrer une susceptibilité bien ombrageuse, que de ne pas vouloir des exceptions qui pourraient se faire aujourd'hui à notre profit, pour ce seul motif qu'autrefois elles se faisaient à notre détriment!

Nous espérons donc que le Conseil Général, mieux inspiré que sa sous-commission, repoussera une théorie qu'il a déjà condamnée, en se prononçant pour une extension nouvelle à donner à ses propres attributions. Jaloux de ses droits, il se montrera également soucieux de protéger contre l'omnipotence administrative les Assemblées Municipales, de leur assurer la faculté de se

mouvoir librement dans la sphère qui leur est réservée. Il dira bien haut qu'il n'existe aucune
raison sérieuse de contrarier, sur ce point, les
aspirations du Pays; qu'il importe, au contraire,
de donner satisfaction à des vœux légitimes, dont
la sous-commission nous paraît avoir fait trop facilement le sacrifice ; que le vrai *patriotisme* consiste à doter enfin notre Colonie d'institutions *ré-*
pondant réellement aux besoins de la population.

Nous croyons avoir démontré précédemment
que l'assimilation pure et simple serait insuffisante pour nous permettre d'atteindre ce but. Nous
avons fait remarquer combien il serait impoliti-
que de notre part de lier à tout jamais notre sort
à celui de la Métropole, dans une matière où rien
n'oblige que nous soyons soumis à un traitement
commun. Les libertés locales, nous le craignons
fort, éprouveront longtemps encore, pour s'ac-
climater en France, des difficultés qui n'existent
pas chez nous. Les obstacles qu'elles rencontrent
dans la Métropole viennent à la fois du tempérament national, des traditions laissées par la monarchie absolue, de la situation continentale de la
France, des préjugés administratifs dont elle est
malheureusement trop imbue. En demandant l'assimilation, nous nous condamnerions donc à ne
marcher que très-lentement dans la voie de l'affranchissement communal, tandis que l'état actuel de la société coloniale comporte, dès à présent,
un régime de large autonomie.

A un autre point de vue, l'assimilation à outrance et sans discernement aurait pour nous des inconvénients plus directs et plus sensibles encore, car elle nous enlèverait le bénéfice de plusieurs dispositions, *exceptionnellement* favorables, de la législation organique de 1848, dont l'abrogation ne serait pas compensée par les timides améliorations qui leur seraient substituées. Il nous suffira de citer, à titre d'exemple :

1° Le droit appartenant aux Conseils Municipaux, en vertu de l'article 40 de l'arrêté du 12 novembre 1848, de former appel, devant le Gouvernement de la République Française, de toute décision du Gouverneur annulant une de leurs délibérations ; — recours inappréciable, qui n'est pas garanti en termes aussi positifs ni aussi généraux, dans le projet de loi soumis aux Chambres par M. Jules Simon ;

2° La nomenclature, beaucoup plus claire et plus complète, dans l'article 41 du même arrêté, que dans le projet J. Simon, des objets sur lesquels les Conseils Municipaux peuvent prendre des délibérations qui sont *de plein droit exécutoires* dans le délai de *quinzaine*, au lieu du délai de 30 jours indiqué dans le projet en question ;

3° Les attributions si précieuses dévolues aux Conseils Municipaux par les articles 45 et 53 de l'arrêté du 12 novembre : droit de surveillance sur l'administration des Conseils de Fabrique, droit *de nommer et de révoquer* les Ingénieurs

3

communaux, droit de donner leur avis sur le maintien ou la révocation des autres fonctionnaires dépendant de la Municipalité, etc. etc., toutes prérogatives que ne possèdent pas en France les Conseils de Commune, *et dont il n'est même pas question de les investir;*

4° La liberté plus grande dont jouissent nos Assemblées Municipales pour la confection de leurs budgets, le cadre des *dépenses obligatoires* étant de beaucoup plus restreint, en vertu de l'article 56 de l'arrêté local, qu'il ne le serait, aux termes de la législation métropolitaine;

5° L'institution si importante de la *Police Municipale*, dont il n'existe pas d'équivalent dans la Métropole, et sur laquelle nous nous proposons d'appeler spécialement l'attention du Conseil Général.

Nous pourrions, dans cet ordre d'idées, multiplier les citations; mais nous croyons en avoir assez dit, pour faire écarter à tout jamais la pensée d'une assimilation absolue, qui nous porterait un si grave préjudice.

Nous supplions donc le Conseil Général de mettre à l'étude un projet de réforme qui, tout en conservant de la législation organique de 1848 ce qui peut et doit être maintenu, tendrait à nous donner une forte et puissante autonomie, établie sur les bases suivantes :

1° Indépendance plus grande accordée aux Maires vis-à-vis du Pouvoir Central;

2° Décentralisation sincère et rôle prépondérant attribué à la Représentation élue dans la gestion des intérêts de la Commune.

III

Une réforme manquée

Dans sa séance de vendredi dernier, le Conseil Général, à la majorité de 12 voix contre 1 , s'est prononcé pour l'assimilation entière et sans réserve, que nous redoutions tant, et a demandé l'application à la Colonie de toutes les lois — quelconques — qui pourraient être édictées en matière municipale, dans la Métropole.

Ceux qui nous ont fait l'honneur de suivre cette Étude, apercevront sans peine les dangers de toute sorte auxquels ce vote expose notre Pays, et ressentiront, comme nous, la douleur qu'il ne peut manquer de causer à tous les amis sincères des libertés coloniales. C'est un véritable avortement, car le Pays se voit privé de cette autonomie communale qu'il appelait de tous ses vœux et qui seule (c'est la sous-commission elle-même qui le déclare) pouvait donner satisfaction à ses besoins. Mais c'est bien pis encore qu'un avortement ; et nous avons grand'peur qu'avec les meilleures intentions du monde, nos amis du Con-

seil Général ne nous aient fait faire un progrès...
à reculons.

Nous voilà, en effet, — premier désavantage,
— rattachés intimement à la Métropole et obli-
gés de subir désormais toutes les variatious que
les hasards et les secousses de la politique en-
traînent, par contre-coup, dans le régime municipal de la France. Veut-on savoir combien il a
été fait et défait de lois, en cette matière, depuis
1870 seulement? On n'en compte pas moins de
six, correspondant aux diverses phases par lesquelles a passé la République depuis cette époque;
tandis que nous avons eu, nous, la bonne fortune
de vivre tout ce temps sous la même législation, celle de 1848, qui, bien qu'imparfaite, nous
a donné, du moins, avec une liberté relative, la
stabilité, l'ordre et le repos. Et c'est en plein
Gouvernement de combat, alors que toutes les
conquêtes si péniblement obtenues dans le sens
républicain se trouvent menacées, qu'on va im-
prudemment nous faire perdre cette condition
privilégiée !

On nous objectera peut-être que l'aventure
dans laquelle les factions réactionnaires viennent
de précipiter la France ne pourra être de longue
durée et que, conséquemment, la prochaine loi
municipale votée par le Parlement marquera,
suivant toute probabilité, un pas de plus dans la
voie de l'affranchissement des Communes. C'est
aussi notre inébranlable conviction, que l'épreuve

actuelle tournera à la confusion des incorrigibles et des brouillons de la monarchie; que le parti républicain en sortira plus homogène et plus fort, et le *Gouvernement Légal* plus solidement établi. Mais il ne faut pas se dissimuler que cette dernière lutte sera extrêmement vive et peut être signalée par une défaite passagère des idées libérales. Dans ce cas, on ne manquerait certainement pas de s'emparer du vote regrettable qui vient d'être émis par le Conseil Général, pour faire de l'assimilation à *haute pression;* on serait trop heureux de le prendre au mot: jamais ses désirs n'auraient été suivis d'une plus prompte réalisation.

Mais, alors même qu'elle ne serait pas marquée au coin de la réaction, cette loi à venir, dont on a demandé la promulgation éventuelle, représente encore pour nous l'inconnu et l'incertain. Qui peut répondre que, dans quelques-unes de ses dispositions, elle n'offrira point pour nous de sérieux inconvénients? N'est-il pas à craindre surtout que, sur certains points, elle ne reste en arrière de celle qui nous régit actuellement?

Nous avons déjà indiqué ce côté de la question qui nous occupe; en raison de son importance capitale, nous croyons devoir y revenir, pour compléter nos observations à ce sujet. Il ne faut pas s'y méprendre: les deux arrêtés organiques des 7 et 12 novembre 1848, qui forment notre

Code municipal, ne sont pas une œuvre législa-
tive d'un médiocre mérite ; elle fait, au contraire,
le plus grand honneur à l'habile administrateur (*)
qui y a attaché son nom, et ce n'est que justice
(tout en constatant qu'elle est insuffisante, au gré
de nos aspirations vers l'autonomie), de reconnaître l'esprit sincèrement libéral dont elle porte
l'empreinte. En veut-on la preuve ?

Le projet de loi de M. Jules Simon, relatif aux
attributions des Maires et des Conseils Municipaux, introduit trois modifications principales à
la législation existante; ces changements sont
signalés dans l'Exposé des motifs comme consti-
tuant des innovations considérables, ayant pour
but de donner aux Conseils locaux une certaine
indépendance d'action dans le domaine circonscrit
des intérêts exclusivement locaux. Ces innovations
consistent :

1° A augmenter le nombre des cas dans lesquels
les Conseils Municipaux sont appelés à prendre
des délibérations de plein droit exécutoires ;

2° A supprimer le droit de *veto*, qui jusqu'ici
a appartenu aux maires à l'encontre de ces délibérations, et à mettre d'étroites restrictions à
la faculté laissée aux préfets de les annuler ;

3° A accorder aux Conseils Municipaux un
recours devant le Ministre de l'intérieur contre

(*) M. Sarda-Garriga, Commissaire général de la République.

les décisions du préfet portant annulation ou suspension de leurs délibérations.

Or, d'une part, sur le premier point nous sommes, grâce à l'arrêté du 12 novembre 1848, à peu près dans la situation que le projet ministériel veut faire aux Conseils de la Métropole, car la généralité des expressions dont se sert l'arrêté local, en son article 41, *équivaut* à la formule employée par le projet J. Simon, en ce qui concerne les délibérations ayant par elles-mêmes force exécutoire ;

De l'autre, le *veto*, que l'on propose d'enlever aux Maires, *n'existe pas dans notre arrêté*; et, quant au droit d'annulation appartenant au Gouverneur, il se trouve limité, par les articles 40 et 41 de l'arrêté, *de la même façon* que dans l'article 27 du projet, avec cette différence seulement que le projet impose aux préfets le devoir de motiver leurs arrêtés d'annulation, — ce qui, en fait, se pratique chez nous.

Enfin, le droit qu'on demande de créer en faveur des Conseils de Commune, de déférer au Ministre les décisions du préfet (du Gouverneur), annulant leurs délibérations, *existe déjà* au profit de nos Conseils Municipaux, en vertu de l'article 41 de l'arrêté.

Nous n'aurons donc, à ce triple point de vue, rien ou très-peu de chose à gagner à la législation future, en supposant (ce qui est douteux) que toutes ces innovations, admises par la Chambre des Députés, soient également adoptées par le Sénat.

Mais ce n'est pas tout, et voici maintenant un aperçu des prérogatives considérables qui appartiennent, en propre, à nos Conseils Municipaux; le projet que nous venons d'analyser ne parle nullement de les accorder aux Conseils métropolitains, et les amendements, dont il pourra être l'objet, n'iront certainement pas jusqu'à les y introduire :

1° Droit de donner leur avis sur *tout* ce qui est relatif à l'instruction publique communale (article 44 de l'arrêté du 12 novembre) ;

2° Droit de *visiter* par leur délégués les établissements d'instruction publique communale, — faculté générale qui comprend, aussi bien le contrôle à exercer sur la discipline et l'enseignement de l'école, que l'inspection de la partie purement matérielle (article 44 — 3°) ;

3° Droit de surveiller l'administration des Conseils de Fabrique et de donner leur avis sur les budgets de ces conseils (article 45) ;

4° Droit de surveiller la confection des recensements et de les vérifier (même article) ;

5° Droit de faire la répartition, dans la Commune, des sommes accordées aux indigents par le Bureau de bienfaisance (même article);

6° Latitude plus grande pour l'établissement de leurs budgets, grâce à la limitation plus stricte des dépenses obligatoires (article 56) ;

7° Droit d'avoir une police relevant exclusivement de la Municipalité, dont le cadre et les appointements sont fixés souverainement par le Conseil de Commune (arrêté du 7 novembre) ;

Enfin, participation plus directe encore à la puissance exécutive, au moyen des attributions suivantes :

9° Droit d'exprimer leur avis sur le maintien ou la révocation de tous les employés à la solde du budget communal, — disposition protectrice qui, en même temps qu'elle arme les assemblées élues d'un pouvoir légitime, est tout à l'avantage des fonctionnaires, placés ainsi à l'abri des caprices de l'autorité et des destitutions arbitraires (article 53) ;

10° Droit — dont l'importance n'échappera à personne — de nommer et de révoquer eux-mêmes les ingénieurs communaux.

Et ce sont toutes ces prérogatives d'un prix inestimable, dont M. l'Ingénieur de la Ville, rapporteur de la sous-commission, disait dans la discussion au Conseil Général « qu'il fallait savoir en faire, sans trop de regrets, le sacrifice, puisqu'on allait avoir, en échange, les bienfaits—illusoires et problématiques— de l'assimilation ! » Nous verrons bien si les Conseils Municipaux seront de cet avis et s'ils se résigneront, aussi facilement que M. l'ingénieur Camille Jacob de Cordemoy, à la perte de leurs attributions les plus essentielles.

Déjà l'honorable M. Le Siner, maire de Saint-Denis, grand partisan, comme M. Camille Jacob, de l'assimilation municipale, avait émis des idées à peu près analogues dans son rapport à la haute Commission administrative. Mais, plus *assimilateur* encore que M. Camille Jacob, il y demandait pour nous l'assimilation, non pas avec la Métropole, mais avec..... le SÉNÉGAL! On lit, en effet, à la fin du rapport en question, la conclusion suivante: « Le titre II (Des attributions municipales) de l'arrêté du 12 novembre 1848 nous semble devoir être conservé en entier, ou MIEUX, *remplacé* par les chapitres V et suivants du décret du 4 août 1872 concernant le *Sénégal*. » Or, voulez-vous savoir où nous mènerait cette innocente petite substitution d'un chapitre à un autre, qui paraît à M. le Maire de Saint-Denis la chose la plus naturelle du monde? elle aurait pour effet non-seulement de nous dépouiller de toutes les prérogatives énumérées plus haut, dont il n'est pas dit un traître mot dans le décret réglementaire du Sénégal, mais de nous ravir, en outre, celles-là même dont il est question de doter les Conseils métropolitains, à l'égard desquelles ce décret est également muet; la conséquence serait aussi de nous enlever les garanties qui restreignent le droit d'annulation du Gouverneur, et, enfin, de nous replacer sous régime du *veto*, organisé par l'article 30 du même décret! Voyez-vous la belle reculade qu'on nous ferait faire ainsi, et que M. le Maire de Saint-De-

nis déclare être une amélioration souhaitable!
Tout ce qu'on peut dire à son excuse, c'est qu'en
écrivant la phrase malheureuse que nous avons
relevée, il n'en a sans doute pas bien vu la portée, ni pesé les conséquences.

Dans l'ignorance où nous sommes de ce que
pourra être la prochaine loi sur l'Administration
municipale, ce serait donc s'exposer à des mé-
comptes et lâcher la proie pour l'ombre, que de
renoncer, dès à présent, aux avantages dont nous
sommes en possession. La prudence la plus élémen-
taire ne conseillait-elle pas, du moment qu'on
était résolu à borner ses vœux à l'assimilation, d'y
ajouter du moins une clause additionnelle stipu-
lant qu'elle ne pourrait, en aucun cas, nous être
préjudiciable, c'est-à-dire que les franchises dont
nous sommes nantis nous seraient conservées?

C'est ce qui a été demandé, mais en vain, par
l'honorable M. Lougnon. La proposition restric-
tive présentée par lui, dans ce sens, a été combat-
tue, d'abord par M. le Rapporteur, ensuite par
l'honorable M. Thomas, aussi membre de la sous-
commission, et a été finalement rejetée par le
Conseil. On a remarqué l'opposition faite à cet
amendement, pourtant si rationnel, par M. l'Ingénieur communal: on ne pouvait s'empêcher, en
effet, d'établir un rapprochement involontaire
entre la défense chaleureuse présentée, en ce moment, par lui en faveur de l'assimilation, et la
résistance opiniâtre qu'il y avait faite, peu de

jours auparavant, lorsqu'il s'était agi de rattacher aux divers départements ministériels dont ils relèvent, les différents services actuellement placés sous la prépotence des chefs d'Administration, — résistance qui lui a valu, d'ailleurs, les compliments les plus élogieux du *Moniteur!* Qui nous dira par quelle logique mystérieuse M. Camille Jacob de Cordemoy était ainsi amené à combattre et à préconiser, tour à tour, à quelques jours d'intervalle, le principe d'assimilation ?... Nous ne nous chargeons point, pour notre part, d'expliquer cette énigme.

Nous avons tout lieu de penser que la plupart de ceux qui, vendredi, à la fin d'une longue et laborieuse séance, ont tranché la question municipale dans le sens de l'assimilation sans réserve, en repoussant l'amendement Lougnon, ne se sont pas rendu un compte parfaitement exact des dangers d'une semblable décision. Ce que nous disons là n'a rien qui doive offenser MM. les Conseillers présents lors du vote dont nous venons de faire la critique, car nous savons de quelles dispositions libérales ils sont animés et la méprise, dans laquelle ils sont tombés, s'explique par les difficultés qu'on éprouve à voir clair en cette matière, quand on n'en a point fait une étude spéciale. Nous n'en voulons pour preuve, que les regrets que plusieurs d'entre eux exprimaient, après le vote, de n'avoir pas été suffisamment renseignés sur les suites fâcheuses qu'il pouvait avoir. Mais il y a toujours moyen de réparer une erreur loyalement commise : celui qui s'offre le plus naturellement, dans la circonstance, c'est de demander que les Conseils Municipaux soient invités, sans retard, à émettre leur avis sur la question. C'est bien le moins, qu'on interroge, en pareil cas, ceux-là qui sont les principaux intéressés et les mieux placés pour fournir des indications pratiques et utiles sur les réformes à introduire dans notre régime communal. On doit s'étonner que l'Administration supérieure n'ait pas eu la pensée de les consulter à cet égard, avant que le débat fût porté devant le Conseil Général. Mais ce qui aurait été plus régulièrement fait, avant la discussion au sein du Parlement Local, peut encore avoir lieu sans aucun inconvénient aujourd'hui. Il n'est jamais trop tard pour faire ce que réclament, à la fois, la justice et l'intérêt du Pays. En refusant de déférer au désir dont nous nous faisons ici l'interprète, on se donnerait l'apparence de redouter la manifestation des vœux populaires, et rien n'empêcherait alors que les Conseils Municipaux, usant de l'initiative qui leur appartient, ne missent la question à l'ordre du jour de leur prochaine session ordinaire.

Mais nous avons le ferme espoir que le Conseil Général ira spontanément au-devant de la vérité, que, seules, les Assemblées Municipales sont en position de lui faire connaître. Et si, d'aventure, cette consultation avait pour résultat de lui prouver qu'il s'est trompé, il s'inclinerait de bonne grâce — nous n'en doutons pas — devant ce verdict rendu par le Pays lui-même, par l'organe de ses représentants les plus immédiats. Aucune subtibilité de procédure parlementaire ne peut s'opposer à ce que le Conseil Général adopte la mesure parfaitement légale et légitime à laquelle nous nous permettons de le convier. Comme il n'a — que nous sachions — aucune prétention à l'infaillibilité, il ne pourra se croire humilié de revenir sur son vote, si la nécessité lui en est démontrée, — pas plus que les Chambres Législatives ne se font scrupule de repousser, en troisième lecture, des lois qu'elles avaient acceptées déjà dans deux délibérations. Bien loin que son prestige en puisse être atteint, le Conseil Général verra sa popularité s'en accroître et aura bien mérité de la patrie créole.

IV

Le Cahier des Communes

Nous avons exprimé le souhait que les Conseils Municipaux fussent invités à faire connaître leurs *desiderata* en une question où ils peuvent, plus compétemment que personne, porter la lumière. L'accueil sympathique que cette motion a générale-

ment rencontré, nous décide à rechercher aujour-
d'hui quels sont les points, où le souffle réformateur
doit pénétrer tout d'abord, où il importe, par conséquent, que l'unanimité se fasse dans les vœux des
Assemblées Communales. Comme les bourgeois de
l'ancienne France allant déposer leurs suppliques
aux pieds de la Royauté, elles peuvent, librement
et sans crainte, présenter leurs remontrances au
Gouvernement paternel de la République. Qu'elles s'attachent seulement, dans la rédaction de
leurs *cahiers*, à écarter tout ce qui pourrait res-
sembler à d'irréalisables utopies, pour s'en tenir
aux demandes raisonnables, dictées par la con-
naissance pratique de nos besoins. C'est ce que
nous nous efforcerons de faire nous-même dans
l'examen sommaire auquel nous allons nous livrer.

Et d'abord, disons un mot de la nomination
des magistrats préposés à l'administration municipale, des Maires.

Élection des Maires. — Le principe démocratique, fondé sur la souveraineté du peuple,
veut que, du haut en bas de la hiérarchie, les
fonctions publiques soient électives. C'est ainsi
qu'aux Etats-Unis, par exemple, il est pourvu à
tous les emplois communaux par le suffrage di-
rect des citoyens ; et ces emplois, morcelés à
l'infini, sont exercés à tour de rôle par tous les
membres de la Communauté. On évite ainsi l'an-

tagonisme qui, dans les Etats Européens, s'établit fatalement entre la puissance exécutive et les corps délibérants, à raison de leur origine différente. Aux Etats-Unis ces deux pouvoirs n'en forment, en réalité, qu'un seul, sous deux aspects distincts.

Ce serait heurter trop violemment nos habitudes nationales et nos mœurs administratives, que de transporter, de toutes pièces, chez nous, un pareil système, et de demander que l'investiture des Maires procède du vote universel, comme celle des Conseillers Municipaux. Mais, s'il est vrai (et nous ne croyons pas que cela puisse être mis en doute), que la prépondérance et la suprématie doivent appartenir, dans la gestion des affaires municipales, aux représentants attitrés de la population, il s'ensuit que le Maire doit être le délégué de la Représentation élue, dont il a pour mission principale d'exécuter les votes. L'importance prédominante des attributions du Maire, en tant que Chef de l'Administration Municipale, comparées à celles qu'il exerce en sa qualité d'agent du Pouvoir Central, conduit nécessairement à cette solution.

On sait qu'une loi récente du 13 août 1876 l'a consacrée, en rendant aux Conseils Municipaux la nomination des Maires, et n'a fait fléchir le principe qu'en ce qui concerne les Communes chefs-lieux de canton, où le choix du Maire continue à être à la discrétion du Gouvernement. Si ces dispositions nous étaient appliquées sans modification , il en résulterait que les trois quarts de la Colonie resteraient soumis au régime actuellement en vigueur, et qu'il n'y aurait à bénéficier de l'innovation que les Communes les moins importantes de l'Ile.

Est-il besoin de faire remarquer que cette distinction qui, en France, est motivée par des considérations toutes politiques, n'aurait aucune raison d'être chez nous? Où voit-on ici ces hautes nécessités gouvernementales qui, dans la Métropole, servent de prétexte à l'ingérence de l'Etat en un domaine où il ne devrait pas avoir accès? A qui persuadera-t-on qu'il y aurait un *péril social* quelconque à laisser Saint-Denis , Saint-Paul, Saint-Pierre, etc., choisir librement leurs Maires par l'intermédiaire de leurs représentants? Que l'Autorité Centrale serait menacée dans ses droits essentiels, si l'égalité était établie, sur ce point, entre nos diverses Communes? D'ailleurs l'Etat est loin d'être désarmé contre les Maires qui seraient tentés de méconnaître leurs devoirs, et le système de garanties organisées à son profit par la loi du 13 août 1876 est de nature à calmer les craintes des plus timorés. — Le premier article à inscrire, en tête du programme de réforme communale, doit donc tendre à obtenir *l'élection des Maires par les Conseils Municipaux, dans toutes les Communes de l'Ile.*

Attributions des Conseils Municipaux.

— Partant de ce principe que la Représentation Municipale doit jouir d'une initiative souveraine dans le règlement des affaires purement municipales, on est amené à décider que les délibérations des Conseils de Commune doivent être de plein droit exécutoires, sans être soumises à la sanction de l'Autorité supérieure, — sauf les cas tout-à-fait exceptionnels, où un intérêt général se trouve lié à ces questions d'intérêt local : il est juste alors que les résolutions prises par l'Assemblée Communale ne deviennent définitives qu'après avoir reçu l'approbation du Pouvoir Central. Mais dans tous les autres cas il faut laisser une pleine liberté d'action et de décision aux Représentants de la Commune.

Le Projet de loi élaboré par M. Jules Simon consacre et pose cette règle nouvelle, mais il y apporte des restrictions que nous ne saurions admettre et qui auraient pour conséquence d'en annihiler presque les effets dans la pratique. Ainsi, l'article 29 du projet contient une longue énumération (reproduite à peu près textuellement des lois existantes) de matières sur lesquelles le Conseil Municipal n'est autorisé à prendre que des délibérations subordonnées à la ratification de l'Administration supérieure, et qui sont pourtant des questions d'un intérêt exclusivement local. Qu'y a-t-il, en effet, de plus strictement municipal, que les baux à passer, même lorsque la

durée en excède 18 ans, que les aliénations et
échanges de propriétés communales ; — les cons-
tructions nouvelles ou reconstructions entières ou
partielles ; — le parcours et la vaine pâture ; —
les emprunts communaux; — les foires et mar-
chés, etc. etc. ? Quel inconvénient y aurait-il donc
à permettre à nos assemblées locales de prendre
sur tous ces objets des décisions non révisables
par l'Autorité supérieure? Osera-t-on dire que les
hommes, en qui la Commune a mis sa confiance,
ne sont pas mieux placés que quiconque pour dé-
battre ses intérêts, en évitant tout ce qui peut
les léser ou les compromettre? Rompons donc,
une bonne fois, avec cette théorie surannée du
droit monarchique, qui considère les Communes
comme des mineures, incapables de gérer elles-
mêmes leurs affaires et de se protéger efficacement;
rejetons enfin tous ces aphorismes trompeurs sur
les prétendus bienfaits de la tutelle administrative, et rendons au Pouvoir Communal, dans la
limite des intérêts communaux, l'indépendance
qui lui revient de droit.

Mais ce n'est pas tout, et l'on n'aura rien fait
encore pour ranimer la vie municipale dans notre
Pays, tant qu'on se sera borné à étendre les attributions *délibératives* de nos Conseils, sans les faire
participer, dans une large mesure, à l'*administration* proprement dite des affaires du municipe.
Dans l'état actuel des choses, et surtout sous l'empire des tendances qui prévalent trop souvent

dans les hautes régions du Pouvoir, les mandataires élus de la population sont tenus à l'écart de tout ce qui concerne la gestion active des intérêts dont ils sont censés avoir la garde : toute tentative, de leur part, pour prendre en main le rôle qui leur appartient légitimement, est aussitôt qualifiée d'empiètement et aussitôt réprimée. Ils se réunissent quatre fois par an, et, enfermés dans de rigoureux délais, ils ont eu à peine le temps de voter quelques crédits et d'émettre quelques vœux (dont on tient ou dont on ne tient pas compte), qu'il leur faut bien vite se séparer : ainsi le veut la loi. Durant ces trop courtes sessions, espacées à de longs intervalles, les moyens de contrôle leur font à peu près défaut et, ceux mêmes dont ils disposent, ne leur sont alors que d'une médiocre utilité, car, pour être vraiment efficace, la surveillance doit s'exercer pas à pas et, pour ainsi dire, au jour le jour, sur tous les actes de l'administration contrôlée.

Mais que, dans les intersessions, — qui représentent presque toute l'année, — ils veuillent s'occuper des intérêts qu'ils ont mandat de défendre, cette prétention est traitée d'irrévérence grave ! N'est-ce pas là, en effet, le comble de l'audace et de l'indiscrétion ??? Se réunissent-ils extraordinairement (avec la permission des Pouvoirs établis, bien entendu), il leur est interdit de mettre en discussion toute autre question que celle pour laquelle ils ont été spécialement convoqués. On voit par là que la Représentation Communale est, de tous les côtés, bridée et paralysée dans ses mouvements.

La France est le seul pays d'Europe où les choses se passent ainsi et où le rôle des Conseils Municipaux soit si mal compris. Sans parler même de l'Angleterre, il suffit de rappeler, avec l'Exposé des motifs déjà cité, l'exemple des nations les moins avancées dans l'exercice des libertés publiques :

« En Espagne, en Italie, auprès des dépositaires de l'Autorité exécutive, sont placées des Juntes Municipales, qui contrôlent à chaque pas leur exécution. En Belgique, en Hollande, dans le Grand-Duché de Luxembourg, en Bavière, en Prusse, en Autriche, etc., il y a des Colléges échevinaux. Il faut reconnaître que, si le système français à l'avantage de donner plus d'unité à l'action, plus d'efficacité à la responsabilité, il permet le développement de *petites tyrannies locales* dans les Communes peu importantes, et, dans les grandes villes, il rend plus *illusoire que réelle* l'action des Magistrats municipaux, et FAIT PASSER L'AUTORITÉ RÉELLE ENTRE LES MAINS DES BUREAUX. »

Ne dirait-on pas que ces lignes ont été écrites pour nous, et ne présentent-elles pas, sous des couleurs d'une vérité saisissante, l'image de notre situation municipale ?

Quant aux mesures qu'indique le Projet de loi,

comme devant remédier à ces inconvénients, elles nous paraissent de tous points insuffisantes. Elles consistent, en effet :

1° A proclamer théoriquement le droit de contrôle appartement aux Conseils de Commune, mais sans en déterminer *ni l'étendue, ni le mode d'action;*

2° A autoriser les Maires à déléguer une partie de leurs fonctions à un ou plusieurs adjoints, ou, en cas d'empêchement des adjoints, à un ou plusieurs des membres du Conseil Municipal, — autorisation dont ils s'empresseront..... de ne pas user, car nous savons, par expérience, que MM. les Maires, jaloux de leur autorité, sont très-peu portés à en céder la moindre parcelle, ou bien, si par hasard ils poussent l'abnégation jusqu'à se dépouiller eux-mêmes, ils s'arrangent presque toujours de façon à ressaisir d'une main ce qu'ils ont paru abandonner de l'autre, en dépit du vieil adage : *donner et retenir ne vaut.*

Ce sont donc là des garanties purement nominales, qui n'apporteront aucun changement sensible à ce qui existe. Pour parvenir au résultat désiré, qui est d'associer intimement la Représentation Communale à la gestion jusqu'ici réservée aux fonctionnaires municipaux, il faut, de toute nécessité, pour les Conseils élus, des attributions plus larges et surtout plus nettement définies.

La précision est ici d'autant plus nécessaire,

que nos Gouvernants ont (nous avons le regret de le dire), une tendance marquée à interpréter contre les Conseils Municipaux toute obscurité de la loi, et son silence même.

Pour donner une idée de ces dispositions de l'Administration locale à l'égard des Communes, et faire voir de quel œil elle envisage leurs aspirations vers un régime plus clément, nous ne pouvons mieux faire que de détacher du Rapport de M. le Directeur de l'Intérieur le passage qui suit : « Afin de prévenir le retour de difficultés qui se sont produites dans plusieurs Communes, la Commission a consacré par un texte formel la doctrine invariablement soutenue par le Conseil d'Etat au sujet des *Commissions de permanence*, fonctionnant en dehors des sessions, et qui constituent *une grave atteinte* (!) à l'exercice des pouvoirs et attributions des Maires. L'Administration supérieure se réservera, comme par le passé, d'autoriser *exceptionnellement* la réunion des commissions d'étude qui, *sans exercer aucune attribution administrative*, prépareront des travaux d'organisation des divers services communaux. » Et l'article 81 du Projet de la Commission supérieure se termine, en effet, par le paragraphe suivant : « Les Conseils Municipaux ne peuvent, *en aucun cas*, constituer des *Commissions permanentes* ou des Commissions spéciales fonctionnant en dehors des réunions !! »

Disons, en passant, que cette disposition nouvelle, que l'on propose d'édicter, est la meilleure preuve de la vérité de notre affirmation, lorsque nous soutenions au sein du Conseil Municipal de Saint-Denis que rien, dans la loi, n'interdit les Commissions permanentes ; car, si cette prohibition existe déjà, qu'est-il nécessaire de la formuler à nouveau dans un *texte formel ?*

Eh bien, contrairement à l'opinion de M. le Directeur de l'Intérieur, nous pensons qu'il est d'une sage politique de favoriser, au lieu d'y mettre entrave, ce zèle malheureusement trop rare qui porte nos Assemblées Communales à continuer leur office de surveillance et de vérification, en dehors des sessions obligatoires. Il y a là, à nos yeux, un besoin de premier ordre, sur lequel les Conseils Municipaux ne sauraient trop fortement insister : puisque leur droit est ainsi mis en doute, il est bon que, de leur côté, ils en demandent, *par un vote formel*, la reconnaissance et la consécration. Nous faisons ici appel aux souvenirs de nos anciens collègues : combien de fois n'avons-nous pas gémi ensemble de la dure condition qui nous était faite par ces interprétations restrictives d'une loi, déjà si peu propice à toutes les velléités d'indépendance ?

Comités permanents. — Nous voudrions donc que les Conseils Municipaux eussent la faculté de se partager en autant de commissions permanentes que l'exigerait l'importance ralative des Municipalités auprès desquelles elles exerceraient leur ministère de contrôle. Ces Commissions ou *Comités* spéciaux, attachés aux diverses branches de l'Administration Municipale, auraient pour mission de suivre la marche des divers services placés dans le cadre de leurs attributions et de tenir le Conseil Municipal constamment renseigné sur tous les faits ayant trait au fonctionnement de ces services. Il y aurait ainsi :

1° *Un Comité des Finances,* — chargé de contrôler l'emploi des deniers communaux, ainsi que la perception des revenus qui viennent alimenter la caisse municipale ; de veiller à ce que chaque crédit reçoive l'affectation qui lui a été assignée par le Conseil, et de ne rien laisser ignorer à celui-ci de l'état des ressources de la Commune : on éviterait ainsi les virements que se permettent trop souvent les Administrations Municipales, de même que ces demandes de crédits supplémentaires qui, votés en cours d'exercice, finissent toujours par mettre le budget en déficit. Cette inspection permanente simplifierait aussi beaucoup la vérification des comptes du Maire et du Receveur qui, ne se faisant actuellement qu'une fois par an et au pas de course, demeure forcément très-superficielle.

2° *Un Comité des Travaux neufs et d'entretien,* — dont l'office consisterait à visiter les travaux en cours d'exécution et les chantiers de la Commune. Il n'est pas de service qui ait, plus que celui-là, besoin de contrôle et qui en soit plus complétement dépourvu. Non-seulement le Conseil ne sait pas exactement de quelle manière ses votes sont exécutés, mais encore il ne possède aucun moyen de vérifier la comptabilité du matériel et du personnel des travaux en régie, c'est-à-dire entrepris par la Commune elle-même, au lieu d'être mis en adjudication. Il faut donc qu'une délégation du Conseil Municipal puisse, en tout temps et à l'improviste, se présenter sur les ateliers et dans les magasins de la Commune, pour y procéder à toutes les vérifications utiles, et s'assurer notamment si les ouvriers portés sur les états de solde sont réellement employés aux travaux communaux.

3° *Un Comité des Edifices et Etablissements Municipaux*, Marché, Abattoir, Dépôt Communal, etc. etc., — ayant pour mandat spécial de vérifier le recouvrement des taxes et redevances dont ces établissements fournissent la matière, de voir comment s'exécutent les règlements qui les concernent, pour empêcher que les intérêts de la Commune puissent être jamais lésés comme l'ont été dernièrement ceux de la ville de Saint-Denis, par l'organisation nouvelle donnée à son dépôt d'immigrants.

Enfin des Comités analogues devraient être préposés à chacun des trois services de l'*Assistance*, de la *Police* et de l'*Instruction Publique*, pour lesquels le besoin d'autonomie se fait surtout sentir.

Services Décentralisés

Il n'est pas douteux, en effet, que le déclassement financier opéré à l'égard de ces services, en 1871, sous le nom de *décentralisation*, n'a eu d'autre résultat que de faire passer aux budgets des Communes des dépenses qui jusque-là figuraient au Budget Local ; que les Communes, au lieu d'en retirer aucun avantage, n'en recuéillent que des déboires, dont le plus sérieux est d'être aujourd'hui placées dans une dépendance plus étroite vis-à-vis de l'Autorité Centrale ; car, en retour des subventions qui leur sont allouées par le budget de la Colonie (pour débarrasser celle-ci de la gestion de ces services), l'Administration supérieure prétend exercer sur les Communes une domination plus absorbante et plus ombrageuse encore que par le passé.

Assistance Municipale. — En ce qui concerne d'abord l'Assistance, il n'est pas difficile de montrer qu'on n'a pas atteint le but auquel les Conseils Municipaux espéraient parvenir lorsque, induits en erreur par ce mot séduisant de *décentralisation*, ils ont accepté le changement proposé par l'Administration. Ils pensaient alors voir leurs prérogatives s'accroître d'une notable façon, dans les opérations relatives à la distribution des secours aux Indigents. Mais ils n'ont pas tardé à revenir de cette illusion et à s'apercevoir que la prétendue décentralisation ne leur avait pas fait faire un pas dans le sens de l'autonomie. Pour mettre les choses en harmonie avec l'esprit et la lettre de la réforme accomplie, il y a 6 ans, et restée, depuis lors, à l'état de promesse, il faut donc que les Conseils Municipaux, au moyen de comités choisis par eux dans leur sein, puissent intervenir activement dans tout ce qui a rapport à l'Assitance Communale, formation des listes d'indigents, distributions de secours, emploi des fonds portés au budget pour ce service, etc. etc. Le bon sens seul indique que c'est aux membres de ces Conseils qu'il convient de recourir en cette matière, parce que leur contact journalier avec la population les met au courant, mieux que tous autres, des misères à soulager.

Police. — La démonstration est ici plus facile encore de cette vérité, que l'organisation de 1871 est plus nuisible que profitable aux Communes. Elles avaient autrefois, chacune, leur police, spécialement chargée de faire respecter les règlements municipaux, et relevant directment des Municipalités, qui en nommaient elles-mêmes tout le personnel, commissaires et agents. C'était là une grande et précieuse prérogative, que leur avait conférée l'arrêté organique du 7 novembre 1848. Comment en ont-elles été dépouillées ?— Sous prétexte de *décentraliser* la Police, on a transporté aux budgets communaux toute la dépense afférente à la police générale. Mais, en même temps, comme il fallait *unifier* le service, et que l'Autorité Centrale est portée à regarder d'un mauvais œil tout ce qui échappe à son action, on a, d'un trait de plume, biffé l'arrêté du 7 novembre, et décrété la suppression des Corps de police Municipaux. C'est maintenant M. le Directeur de l'Intérieur qui nomme à tous les emplois et qui a la haute main sur tout le service. Nous reconnaissons volontiers qu'en votant cette unification de la Police, on était animé des plus louables intentions et qu'on croyait sincèrement travailler au bien des Communes. Y a-t-on réussi ?

Nous ne savons pas exactement ce qu'en pensent les Quartiers ; il se pourrait que, dans les Communes soumises moins étroitement que Saint-Denis à l'action du Pouvoir Central, on n'ait pas trop à souffrir du nouvel état de choses. Mais ici, au Chef-lieu, les résultats en sont déplorables. Il ne se passe pas de session, où le Conseil Municipal ne fasse entendre des doléances au sujet de la police, qui se fait horriblement mal et qui coûte aujourd'hui à la Ville beaucoup plus cher; les chiffres sont là pour l'attester, si ce point était mis en doute, ce que nous ne supposons pas. Le Maire

en est réduit à confesser son impuissance à se faire
obéir d'un personnel, qui ne relève plus de lui et
sur lequel il a perdu toute autorité efficace. Et
l'on conçoit, en effet, sans peine, que les agents,
qu'il est censé avoir sous la main, ne mettent
qu'un médiocre empressement à déférer à des or-
dres dépourvus de toute sanction. Ainsi se trouve
justifié le pressentiment qu'exprimait l'honorable
M. Herland, alors qu'il combattait au sein du Conseil Général le projet de prétendue *décentralisation* :

« On aura, disait-il, une police aussi mal faite
(il aurait pu dire plus mal faite) qu'auparavant, parce qu'elle reste aussi centralisée; bien
plus, *elle sera plus centralisée*, puisque la police
communale sera absorbée par la nouvelle police
générale, entièrement placée entre les mains de
l'Autorité supérieure, qui en a réellement l'administration. J'avais compris autrement la décentralisation. J'aurais voulu que les commissaires
de police, et surtout les agents, fussent choisis par
les Municipalités, par conséquent responsables de
leurs actes vis-à-vis des populations et de leurs
représentants. D'après le projet actuel, au contraire, les employés de la Police, étant nommés
par l'Administration, ne sont responsables que
vis-à-vis d'elle... On dit que les commissaires de
police seront à la disposition des Maires; je ne le
pense pas, parce qu'ils ne sont ni payés par le
budget communal, ni choisis par le Conseil mu-

nicipal. Ne tenant rien des municipalités, ni des maires, ils n'ont aucune responsabilité vis-à-vis d'eux. »

L'organisation actuelle de la police dans notre Pays est moins bonne, moins libérale, que celle qui existe dans la Métropole, en vertu de la loi du 20 janvier 1874, une loi de *l'ordre moral*, et Dieu sait si on était, en ce temps-là, favorable aux Communes ! Cette loi dispose, en effet, en son article 3, que « dans toutes les Communes où l'organisation de la police n'est pas réglée par la loi du 24 juillet 1867 ou par des lois spéciales, (c'est-à-dire dont la population est supérieure à *40,000 âmes*), le *MAIRE nomme les Inspecteurs de police, les brigadiers, sous-brigadiers et agents de police.* — Ils doivent être agréés par les Préfets ; *ils peuvent être suspendus par le Maire*, mais le Préfet peut seul les révoquer. » Ainsi, toute la police, aussi bien générale que locale, se trouve réunie dans la main du Maire, à cette seule condition que les agents choisis par lui aient été préalablement agréés par le Préfet ; et, le Rapporteur de la loi expliquait que « du moment où le Gouverneur recouvrait sur les Maires sa légitime influence (en reprenant le droit de nomination des Maires, — dont il jouit dans la Colonie), *il n'avait pas d'intérêt à amoindrir leur autorité.* » C'est ce système que maintient le projet J. Simon, en conservant aux Maires, dans les centres mêmes où ils ne sont plus nommés par le Gouvernement, la plénitude des

attributions de police, et en y apportant cette
seule restriction, que les agents nommés par la
Municipalité doivent être, au préalable, agréés
et commissionnés par l'Autorité supérieure.

Ainsi, il est certain que nous sommes actuellement dans une situation d'infériorité marquée
par rapport à la Métropole, et que nous aurions
avantage (à défaut de l'arrêté du 7 novembre
1848) à avoir la loi du 20 janvier 1874, qui s'ap-
pliquerait exactement à là Colonie, puisque la
population de notre Capitale même n'atteint pas,
(d'après les statistiques officielles), le chiffre de
40,000 âmes. Nous signalons ce point à l'attention des amateurs d'assimilation : c'est le cas, ou
jamais, pour eux de demander que nous ayons au
moins une police comme..... à Carcassonne ou
à Carpentras.

Nous portons, quant à nous, notre ambition
un peu plus loin et nous estimons que, dans notre
Pays, où la police n'a aucun rôle politique à
jouer, on peut, sans péril, en confier le recrute-
ment et la direction aux Communes. Croit-on que
la police judiciaire et administrative sera faite
avec moins de vigilance, que la sécurité des personnes et des propriétés se trouvera moins efficacement garantie, le jour où, au lieu de dépendre
uniquement des bureaux de l'Administration de
l'Intérieur, le personnel attaché à ce service sera
placé sous l'autorité immédiate des Municipalités,
dans chaque Quartier? Si l'on juge nécessaire de

créer l'unité dans le service et de concentrer en une direction unique les fonctions de police judiciaire, administrative et municipale, il n'y a pas d'autre solution à donner à la question qui nous occupe : il faut déplacer le pouvoir hiérarchique et transporter aux Maires, sous le contrôle des Conseils Municipaux, les attributions aujourd'hui dévolues au Directeur de l'intérieur.

A défaut d'une réforme aussi radicale, nous demanderions tout au moins que les Communes eussent la faculté de pourvoir, à l'aide de leurs propres ressources, aux besoins de la Police Municipale. Pour cela, il n'y aurait qu'à revenir à l'application de l'arrêté du 7 novembre 1848 qui, (nous pensons l'avoir déjà démontré ailleurs (*), n'a pas cessé d'être en vigueur : en effet, cet arrêté *organique*, ayant été rendu par le Commissaire Général de la République, en vertu des pouvoirs extraordinaires qu'il tenait du décret du Gouvernement Provisoire du 27 avril 1848, est un acte *législatif*, qui ne peut être abrogé par un simple arrêté du Gouverneur, même délibéré en Conseil Général. L'inconstitutionnalité de l'arrêté du 23 mars 1872, qui a supprimé dans la Colonie les polices municipales, nous paraît donc évidente. Et, ce qui nous confirme dans cette opinion, c'est qu'aux termes de l'article 7 — 2° du

---

(*) Voir le Rapport du Budget de la Ville de Saint-Denis, pour 1877, au *Moniteur* du 13 décembre 1876.

sénatus-consulte du 3 mai 1854, il ne peut être statué que par des *décrets* du Chef de l'Etat sur tout ce qui touche à l'organisation de la Police Municipale aux Colonies. — On ne pourrait donc critiquer, au point de vue de la légalité, la détermination, que prendraient les Assemblées communales, de rétablir à leurs budgets les crédits relatifs à la Police, tels qu'ils y figuraient avant 1872 : nous croyons savoir que c'est la résolution bien arrêtée du Conseil Municipal de Saint-Denis, s'il n'est pas donné satisfaction à ses votes réitérés en faveur du rétablissement de la Police Municipale.

Instruction Publique. — De tous les services, aux besoins desquels ils ont mission de pourvoir, il n'en est aucun, on peut le dire, que nos Conseils locaux aient toujours entouré d'une plus ardente sollicitude : le zèle de nos Assemblées Municipales pour le développement de l'instruction primaire, la munificence avec laquelle elles lui ont, en tout temps, prodigué les subsides, sont choses assez connues, pour que nous n'ayons pas besoin d'y insister. Notre Colonie a eu l'honneur insigne de précéder la Métropole elle-même dans la voie de la *gratuité absolue* de l'enseignement, mis à la disposition des classes pauvres, et, en ces dernières années surtout, il s'est établi à cet égard, entre nos Communes, une noble et croissante émulation.

Les sacrifices qu'elles s'imposent par ailleurs, pour doter largement ce chapitre de leurs budgets,

devraient être compensés au moins par la jouissance paisible et incontestée de prérogatives étendues en ce qui concerne l'administration de leurs
Ecoles. Nous ne craignons pas de le dire : leurs
libéralités excessives, et les dispositions impartiales
dont elles ont toujours fait preuve à l'égard de
ces établissements, semblaient devoir leur créer
des titres particuliers à la confiance de l'Autorité
supérieure et les mettre à l'abri de toute suspi-
cion de sa part. Mais nous avons le regret de le
constater encore ici : en l'absence de toute régle-
mentation précise, définissant exactement les
attributions des Conseils Municipaux en cette
matière, la tendance de l'Administration Locale
est bien plutôt de restreindre outre mesure, que
d'élargir le champ où il leur est permis de se mouvoir. Chaque fois qu'il se présente une de ces
questions si souvent débattues, qui, dans le mu-
tisme ou en raison de l'ambiguité de la loi, devraient se résoudre en faveur de la liberté, ou
tout au moins de la tolérance, on peut être sûr
qu'elle recevra la solution la plus contraire à
l'extension des franchises communales.

S'agit-il, par exemple, du *droit de visite* des
écoles, que l'article 44 de l'arrêté du 12 novembre 1848 reconnaît formellement et dans les termes
les plus généraux, au profit des délégués des
Conseils ? On en bornera strictement l'exercice à
l'examen des *bâtiments* et du *matériel* de l'établissement, et l'on interdira aux représentants élus

de la population toute investigation dans le régime intérieur de l'école, toute recherche par laquelle ils voudraient se renseigner sur la direction et sur la discipline! Cette doctrine est déduite tout au long dans le Rapport de M. le Directeur de l'Intérieur et la Commission administrative a tenu à lui donner un corps dans l'article 80 de son projet, dont le 1ᵉʳ paragraphe est ainsi conçu : « En matière d'instruction primaire, les Conseils Municipaux exercent leur surveillance et le droit de visite sur *les bâtiments* et *le matériel des Ecoles.* »

S'agit-il de la nomination des Instituteurs Communaux ? — Ici, c'est une jurisprudence administrative, fondée sur un détestable décret de la période dictatoriale de 1852, que l'on invoque, pour mettre une nouvelle restriction au droit des Municipalités ! Mais toutes les dispositions légales, et notamment celles de la loi Fortoul du 23 mars 1850 qui, bien que fort peu libérales, pourraient autoriser des revendications gênantes, sont tenues soigneusement à l'écart : de telle sorte que la législation métropolitaine sur l'enseignement primaire (non promulguée dans la Colonie) n'est appliquée, comme *raison écrite* que dans celles de ses parties qui sont défavorables aux Communes, et repoussée, au contraire, dans celles qui pourraient apporter quelque adoucissement à leur sort !

Cette ligne de conduite, adoptée par l'Administration supérieure , est- elle conforme à la pensée qui a guidé les auteurs de la décentralisation, inaugurée en 1871 ? Nous n'hésitons pas à dire qu'elle s'en éloigne complétement et qu'elle ne tient aucun compte des intentions nettement libérales qui ont présidé à cette réforme. Il suffit, pour s'en convaincre, de se reporter à la discussion à laquelle elle donna lieu, au sein du Conseil Général. C'est d'abord M. Barrabé qui, au nom de la Commune de Saint-Pierre, déclare que, dans l'esprit du Conseil Municipal de cette ville, d'accord en cela avec la plupart des autres Conseils, « par la décentralisation, les Communes deviendront maîtresses de l'organisation de leurs écoles, de la nomination des maîtres et de la fixation des traitements, et que leur droit ne se bornera pas à de simples propositions, sur lesquelles l'Administration se réserverait de statuer. » — C'est ensuite M. Gustave Vinson qui, après avoir constaté que notre Pays n'est, en ce qui regarde l'enseignement primaire, entravé par aucune loi, ajoute : « Pourquoi la Colonie ne devancerait-elle pas la Métropole dans cette voie de liberté ? La loi française ne peut même être invoquée ici comme raison écrite, car cette loi, qui heureusement ne régit pas la Colonie, se ressent de préoccupations d'un ordre étranger, de préoccupations politiques, qui ne peuvent exister dans ce Pays. »

Enfin, avec plus d'autorité encore, pour interpréter les vues du Conseil Général, le Rapporteur de la Commission, M. Drouhet, rappelait le passage suivant du Rapport, dont chaque terme, disait-il, avait été posé afin de ne laisser aucun malentendu entre l'Administration et le Conseil sur les intentions de ce dernier : « L'enseignement primaire répond à la fois à un intérêt général et à un intérêt communal. La Colonie, qui représente ici l'Etat, doit le surveiller, le contrôler, le subventionner au besoin ; *mais il faut laisser aux Communes le soin d'organiser, d'administrer, et de diriger leurs Ecoles, car c'est là une attribution avant tout municipale.* » Et il complétait cette déclaration par le commentaire suivant : « Une Commune a autant de droits qu'un particulier pour ouvrir une école ; on ne peut lui imposer d'autres conditions que celles qui seraient imposées à ce particulier..... *Le Maire et le Conseil Municipal doivent nommer les maîtres, parce que ceux-ci sont avant tout des agents municipaux* et que l'arrêté du 12 novembre 1848 donne formellement aux Maires le droit de nommer tous les agents de la Commune. »

Il n'y a rien à ajouter à des citations aussi concluantes. Rapprochées de celles que nous avons extraites du document administratif, elles mettent suffisamment en relief les points sur lesquels il importe surtout aux Communes de faire cesser toute équivoque, au moyen de dispositions claires et précises.

Telles sont les principales questions sur lesquelles nous tenions à appeler l'attention de nos amis des Conseils Municipaux, — heureux si quelques-unes des idées que nous venons d'émettre reçoivent leur assentiment et s'il peut se dégager, de cette trop longue Etude, quelque profit pour la cause sacrée de la liberté communale, source de toutes les libertés !

CONCLUSION

Nous nous garderons bien de médire du grand principe d'assimilation, auquel notre Pays est redevable de tant de progrès réalisés dans le court espace de sept années : nous sommes de ceux qui conserveront une éternelle reconnaissance aux hommes de cœur dont la patriotique constance a réussi à faire prévaloir ce principe dans la direction des affaires coloniales ! Mais il en est de l'assimilation, comme de toutes les théories politiques qui, salutaires en elles-mêmes, deviennent funestes, lorsqu'on les pousse à leurs conséquences extrêmes. Il y a une borne qu'elles ne doivent pas franchir ; ici, le terrain réservé, où l'assimilation ne doit point pénétrer, c'est le domaine circonscrit de notre activité purement locale, de notre existence intérieure et, en quelque sorte, privée. Sans doute, notre charte municipale pourra faire d'utiles et féconds emprunts à celle de la Métropole; mais ce serait folie de vouloir la couler dans le même moule. Il ne serait pas moins déraisonnable d'entreprendre de faire de nos diverses colonies autant de copies serviles et (pour employer un terme de la statuaire) autant de *réductions* de la mère-patrie. S'imagine-t-on qu'il soit possible de faire régner l'uniformité, là où la nature, les mœurs, les idées, les besoins établissent des différences si profondes? Et, en ce qui nous concerne plus particulièrement, est-il sérieux de vouloir nous traiter, au point de vue municipal, sur le même pied que le Sénégal et les îles Saint-Pierre et Miquelon?

Suivons donc plutôt l'exemple que nous donne la nation colonisatrice par excellence, l'Angleterre: au lieu d'emprisonner ses colonies dans le cadre étouffant d'une organisation uniforme, elle laisse à chacune d'elles la faculté de choisir le régime intérieur le plus à sa convenance, n'y mettant d'autre condition que le respect de ses droits de souveraineté et le maintien des formes essentielles de la Constitution Anglaise, basée sur le système parlementaire. C'est de la diversité de ces institutions coloniales, reliées entre elles par ce trait commun,— la liberté,—que naissent la vigoureuse harmonie et la force de l'Empire Britannique.

La République Française peut-elle, sur ce point, rester en arrière de la monarchique Albion? Et, pourvu que les prérogatives métropolitaines soient sauves, pourvu qu'il ne soit porté aucune atteinte aux principes démocratiques sur lesquels repose désormais notre édifice politique et social, quel inconvénient y aurait-il à nous permettre de nous organiser autonomiquement, dussions-nous même arriver ainsi à posséder ce que ne possèdent pas encore nos compatriotes de la Métropole? Nous avons déjà répondu à cette objection puérile, qui consiste à dire que nous ne pouvons pas aller plus vite que la France continentale dans la voie des libertés et des franchises locales. Nous y avons répondu par l'exemple de notre Conseil Général, doué d'attributions qui en font un Parlement au petit pied, et notamment du droit de voter souverainement l'impôt. Nous croyons avoir prouvé que cette *autonomie*, dont nous jouissons dans la sphère des intérêts généraux de la Colonie, peut nous être accordée, bien plus aisément encore, dans celle des intérêts simplement communaux.

C'est faire injure au bon sens des Assemblées Françaises, que de les supposer capables de se diriger en cette question par des vues de mesquine susceptibilité. C'est mettre en doute leur intelligence que de dire, qu'en nous déclarant mûrs pour une complète liberté municipale, nous aurons fourni contre nous une arme aux ennemis

des Colonies qui, eux, voudraient nous faire ré-
trograder!

Nous espérons, au contraire, que le Parlement
National — qui, dans trois mois, fera sa rentrée
triomphale à Versailles — se laissera toucher,
en notre faveur, par les considérations que la pa-
role autorisée de nos Représentants développera
devant lui, mieux que nous n'avons pu le faire.
Il n'hésitera pas alors à nous donner cette AUTO-
NOMIE COMMUNALE, que toutes les nations républi-
caines ont inscrite au frontispice de leurs consti-
tutions: par là se fortifieront encore les liens in-
dissolubles de gratitude et d'amour qui nous
unissent à la FRANCE et à la RÉPUBLIQUE !

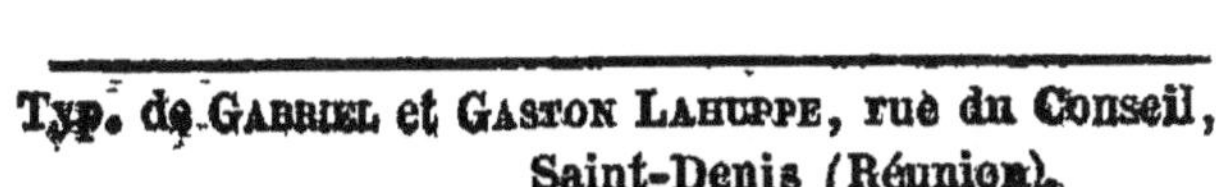

Typ. de GABRIEL et GASTON LAHUPPE, rue du Conseil,
Saint-Denis (Réunion).